DEMAIN COMMENCE AUJOURD'HUI

LAROUSSE

Direction de la publication : Isabelle Jeuge-Maynart et Ghislaine Stora
Direction éditoriale : Élodie Bourdon
Édition : Mélissa Lagrange
Conception de la couverture : Claire Simonet
Mise en pages : Nord Compo
Préparation de copie : Isabelle Chave
Fabrication : Donia Faiz

Les Éditions Larousse utilisent des papiers composés de fibres naturelles, renouvelables, recyclables et fabriquées à partir de bois issus de forêts qui adoptent un système d'aménagement durable. En outre, les Éditions Larousse attendent de leurs fournisseurs de papier qu'ils s'inscrivent dans une démarche de certification environnementale reconnue.

ISBN : 978-2-03-602180-8

ET TOI, ASTRID, TU SAIS QUELLE EMPREINTE TU VOUDRAIS LAISSER SUR LA PLANÈTE ?
TOUT SAUF UNE CICATRICE...
GREAT (WO)MEN

À WILLIAM ET ARTHUR,

CITOYENS DU MONDE DE DEMAIN
QUI COMMENCE AUJOURD'HUI.

CONSCIENCE

M'MAN, TU SAIS QUE L'EAU EST UN DES BIENS LES PLUS PRÉCIEUX SUR TERRE ??
MAIS OUI, ASTRID, JE SAIS !
PSCHIIIII
P'PA... TU ES AU COURANT QUE LE COMMERCE EN LIGNE GÉNÈRE DES CENTAINES DE MILLIONS DE TONNES DE DÉCHETS CHAQUE ANNÉE ??
OUI, ASTRID, JE SAIS...

PAPI, TU SAIS QUE LES TRAJETS COURTS MULTIPLIENT PAR QUATRE LES ÉMISSIONS DE POLLUANTS DE TA VOITURE ?
OUI, ASTRID, JE SAIS !
TU PEUX PRENDRE LA BAGUETTE S'IL TE PLAIT ?

C'EST VRAIMENT FASCINANT CETTE DIFFÉRENCE CHEZ LES ADULTES ENTRE "SAVOIR" ET "AVOIR CONSCIENCE"...
BUS 365
365 4
365 37
HORAIRES

LES ABEILLES

BANDE DE FILS DE P...
COMME ÇA...

CHANGEMENT

BON, FRANCHEMENT LES COPAINS, ON EST TOUS BIEN D'ACCORD ?
HA MAIS OUI !
TOUT À FAIT !
TOTALEMENT D'ACCORD...

IL FAUT QUE LES CHOSES CHANGENT !!
OUAIS C'EST CLAIR !
MAIS TELLEMENT...
DE OUF...

ALORS... QUI EST PRÊT À CHANGER AVEC MOI ??
...

RÉGIME

DIS P'PA, EST-CE QUE C'EST VRAI QU'ON DOIT RÉDUIRE DE MOITIÉ LES ÉMISSIONS DE CO2 AVANT 2050 ?
MAIS OUI, C'EST TOUT À FAIT EXACT MON CITRON !
C'EST UN PEU COMME UN RÉGIME EN FAIT.
TU AS RAISON ON PEUT TOUT À FAIT LE VOIR COMME ÇA.

MAIS DIS PAPA ...
OUI MA COURGETTE ?
SI ON TE DISAIT AUJOURD'HUI QUE TU DOIS PERDRE 10 KILOS DANS 30 ANS...
EST-CE QUE TU CROIS QUE TU T'Y METTRAIS DÈS AUJOURDHUI ?

ALLOCUTION

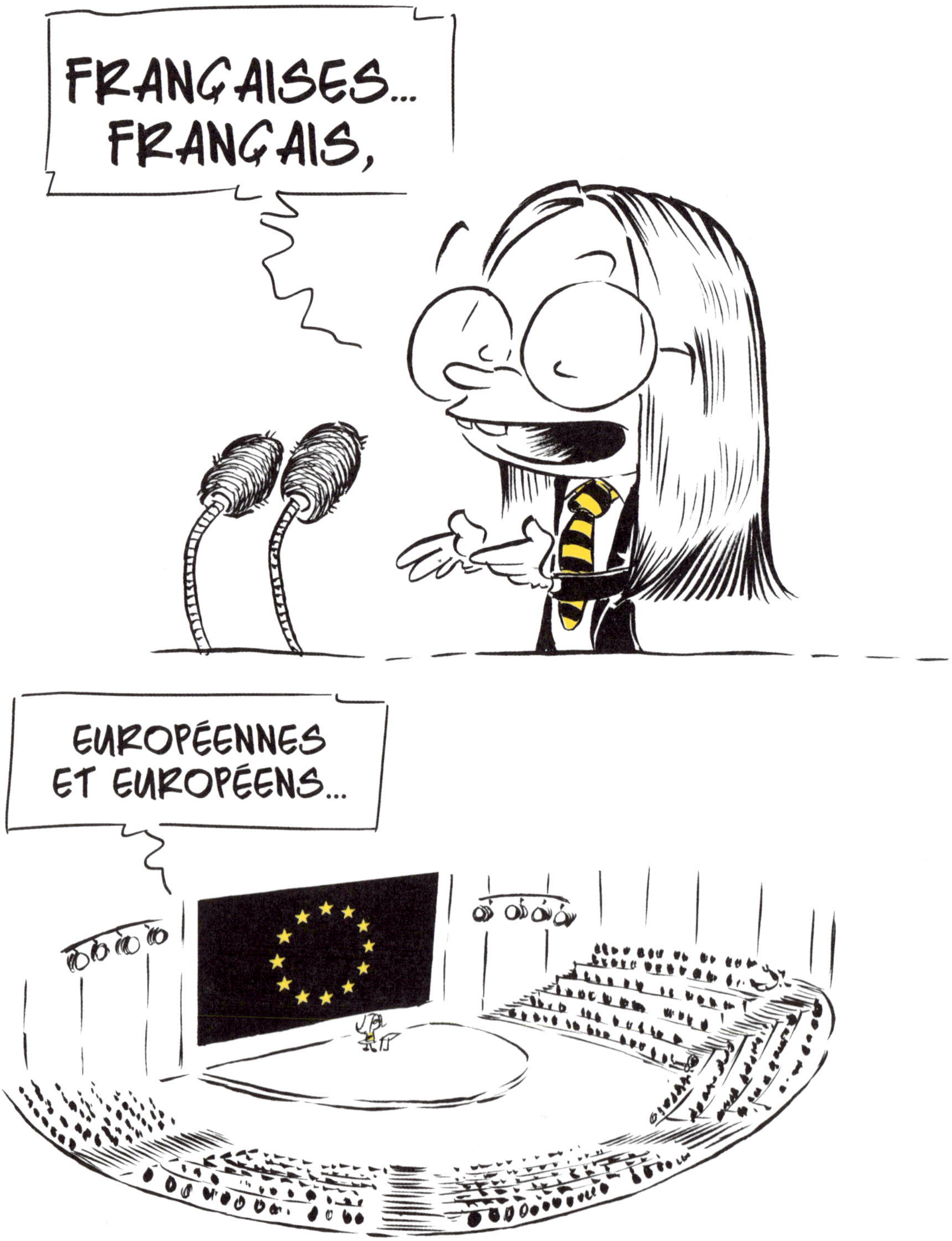

CITOYENNES ET CITOYENS DU MONDE ENTIER...
DOUDOUS...
Jiiii

LE PLAN

ASTRID, JE PEUX SAVOIR CE QUE TU FABRIQUES AVEC TOUT CE BAZAR AU MILIEU DU SALON ?
JE METS LA TOUCHE FINALE À MON PLAN POUR SAUVER LE MONDE, P'PA.

EH BIEN JE T'INVITE À ALLER DE CE PAS FINALISER TON PLAN POUR RANGER TA CHAMBRE !
ET D'Y ALLER IMMÉDIATEMENT SANS CLAQUER LA PORTE SI TU NE VEUX PAS QUE L'APOCALYPSE S'ABATTE PLUS TÔT QUE PRÉVU ... !

VLAAM

J'ESPÈRE AU MOINS QUE TU ES CONSCIENT DU RISQUE IMMENSE QUE TU FAIS PESER SUR L'HUMANITÉ !!!
TINTIN

DOUDOU

MAIS NAN M'MAN, TU PEUX PAS FAIRE ÇA...!!!
JE TE RAPPELLE QUE DOUDOU VER DE TERRE EST LE DERNIER REPRÉSENTANT DE SON ESPÈCE !!
VIVEMENT LA FIN DU RÈGNE DES MACHINES ...

KROUKROUNCH

" AVEC CES CÉRÉALES KROUKROUNCH BIO ET ÉQUITABLES, SANS HUILE DE PALME, ET GRÂCE À LEUR EMBALLAGE EN BAMBOU RECYCLÉ, VOUS PARTICIPEZ À LA LUTTE CONTRE LA DÉFORESTATION ET L'EXPLOITATION DES PAYSANS LOCAUX, TOUT EN VOUS FAISANT PLAISIR TOUS LES MATINS. "
M'MAAAN...
JE TE RAPPELLE QUE CE SONT LES MÊMES QUI ESSAIENT DE NOUS FAIRE CROIRE DEPUIS DES ANNÉES À L'OUVERTURE FACILE SUR LES PAQUETS DE GRUYÈRE RAPÉ...

INFLUENCE

HEY ! SALUT MELODY ! COMMENT ÇA VA AUJOURDHUI ?
OH, JE SUIS EN PLEINE FORME ! GRÂCE À MON BOL DE KROUKROUNCH QUI M'A PERMIS DE FAIRE LE PLEIN DE VITAMINES, DE FER ET DE MAGNÉSIUM...
ET EN PLUS J'AI CONTRIBUÉ À SAUVER LA PLANÈTE GRÂCE À LEUR EMBALLAGE ÉCORECYCLABLE A 99 %.
#CONSOMMERRESPONSABLE
K
K

AU FAIT, TU AS VU MON NOUVEAU SUPER T-SHIRT KROUKROUNCH ?
TU PEUX GAGNER LE MÊME EN ME TAGGUANT SUR LES RÉSEAUX # MELODYKROUNCH. ET TU DOUBLES TES CHANCES SI TU PARTAGES EN STORY !

SES DEUX PARENTS SONT INFLUENCEURS.
HEY SALUT ! DITES, VOUS AVEZ MANGÉ QUOI, VOUS, CE MATIN ?

CAUCHEMAR

OOOH BONJOUR CHEF FACEBOOK !
QU'EST-CE QU'ON VA PRÉPARER DE BON AUJOURD'HUI ?
MAIS COMME D'HABITUDE CHEF TIKTOK...
UN BON HACHIS DE JEUNE CERVEAU.
VOUS CONNAISSEZ LA RECETTE, MON CHER :
ON MET BEAUCOUP D'EGO, DES CHATS ET DES BÉBÉS, DES OPINIONS EXTRÊMES, UNE BONNE DOSE DE DÉTRESSE SOCIALE, DE L'ADDICTION AU LIKE ET UNE ONCE DE VERITÉ.
J'ADOOORE.
PAS TROP ! N'ABUSONS PAS DES BONNES CHOSES.
ALGOMIX

SANS OUBLIER, BIEN ENTENDU, NOTRE PETIT INGRÉDIENT SECRET ...
ALGOMIX

LA MER

P'PAAAA..

EST-CE QUE C'EST VRAI CE QU'ON DIT,
QUE LA MER RECOUVRE PLUS DE 70 % DE LA SURFACE DE LA PLANÈTE ?

MAIS OUI
MON OURSIN,
C'EST ABSOLUMENT
VRAI !
POURQUOI ?
QU' EST-CE
QUE CELA T'ÉVOQUE ?

QUE LA BÊTISE
DES ADULTES EST
ENCORE PLUS
CONCENTRÉE QUE
JE NE PENSAIS.

SUIS-MOI

ATTENDS... MAIS TU NE ME SUIS PAS SUR LES RÉSEAUX SOCIAUX ?
NAN MAIS SÉRIEUX, IL FAUT AB-SO-LU-MENT QUE TU ME SUIVES !!!
EN TOUT CAS AMIR, JEAN-EUDES ET AUGUSTIN, EUX, ILS ME SUIVENT ...

BON OK LES FILLES. JE SUIS D'ACCORD POUR VOUS SUIVRE.
MAIS VOUS DEVEZ D'ABORD ME SUIVRE, ET DEMANDER CHACUNE À DEUX COPINES QUI VOUS SUIVENT DE ME SUIVRE.

RF
+2
EUUUUUUH...
ASTRID, TU PEUX ARRÊTER DE ME SUIVRE ?

LIVRE

REGARDE JEAN-EUDES, ÇA C'EST UN "LIVRE"
ÇA SE SWIPE ??
OUI, EN QUELQUE SORTE, DE GAUCHE À DROITE...
ET PAS DE BAS EN HAUT ?

EUH NON...
DE DROITE À GAUCHE
SI C'EST UN MANGA.
TU PEUX
PARTAGER ?

MMMH... OUI, D'UNE CERTAINE
FAÇON... SI TU LE PRÊTES
OU SI TU LE DONNES.
TU PEUX
LIKER ?

NON...
TU PEUX COMMENTER ?
NON...
MAIS ALORS TU PEUX FAIRE QUOI ...?

LE LIRE...

LA PHILO POUR LES KIDS
JE PANSE DONC JE SUIS !
Jiiii

PUIS LA REINE MÈRE REMPLAÇA SON MIROIR MAGIQUE PAR UN SMARTPHONE QUI N'EUT DE CESSE DE LUI DIRE QU'ELLE ÉTAIT LA PLUS BELLE.
GÉNIAL ! UN NOUVEAU FILTRE !
À PARTIR DE CE JOUR, ELLE FICHA UNE PAIX ROYALE À BLANCHE-NEIGE...

CENDRILLON EXPLIQUA DONC AU PRINCE, AVEC TOUTE LA POLITESSE QUI SIED À UNE JEUNE FILLE BIEN ÉDUQUÉE, QUE QUAND ON DANSE AVEC QUELQU'UN TOUTE UNE SOIRÉE, IL EST DE BON TON DE LA RECONNAITRE AUTREMENT QUE PAR SA POINTURE...

ALORS LE PRINCE ET LA PRINCESSE SE MARIÈRENT...
MAIS ILS N'EURENT PAS D'ENFANTS CAR ILS MOURURENT À CAUSE DU RÉCHAUFFEMENT CLIMATIQUE QUI AVAIT RENDU LEUR ROYAUME TOTALEMENT INHABITABLE...

ELLE AURA TOUTES LES QUALITÉS... MAIS, À 20 ANS, ELLE SE PIQUERA DE GAGNER BEAUCOUP D'ARGENT.
ELLE FERA UNE ÉCOLE DE COMMERCE ET SE SPÉCIALISERA DANS L'INDUSTRIE PÉTROLIÈRE ET DANS L'IMPORT DE MATIÈRES PLASTIQUES ...

ALORS LA MÉCHANTE SORCIÈRE CHASSA HANSEL ET GRETEL CAR LEUR NUTRISCORE ÉTAIT DEVENU TOTALEMENT INACCEPTABLE...

APRÈS S'ÊTRE ENGOUFFRÉE LES 3 SOUPES ET AVOIR CASSÉ LES 3 FAUTEUILS, BOUCLE D'OR EUT TOUT LOISIR DE SE VAUTRER DANS LES LITS, LES OURS AYANT DISPARU DE LA SURFACE DE LA TERRE DEPUIS BELLE LURETTE...
PAPA OURS
BURP !

C'EST VRAIMENT ADORABLE DE TA PART, ASTRID, DE LIRE DES HISTOIRES À TES PETITS COUSINS !
AVEC PLAISIR TANTINE...
CONTES

S'IL VOUS PLAIT, MONSIEUR ...
DESSINE-MOI DE GROS MOUTONS ...
1€

QUIIIII VEUT SON ÉCHANTILLON DE KROUKROUNCHS GRATUIIIIIIIT ?

BONHOMME

FRANCHEMENT, SHOU, TU NE TROUVES PAS QUE LA NEIGE EST UN DES PLUS BEAUX CADEAUX DE LA NATURE ?
ELLE S'OFFRE À NOUS COMME UNE PAGE BLANCHE IMMACULÉE, TOMBÉE DU CIEL POUR STIMULER NOS IMAGINATIONS D'ENFANTS ET POUR ACCUEILLIR NOS CRÉATIONS.

À NOUS DE LUI FAIRE HONNEUR AVEC CE BONHOMME, QUI EST UN PEU NOTRE OFFRANDE AU MONDE ET À LA NATURE.
UN ACTE DE PURE CRÉATION, JOYEUX ET DÉSINTÉRESSÉ, QUI N'A PAS D'AUTRE BUT QUE D'APPORTER UN SOURIRE À CEUX QUI LE CROISERONT.

ADULTES
POLLUEURS
ASSASSINS

KROU KROUNCH
CALENDRIERS DE L'AVENT

À NOËL, NOUS LES ENFANTS…
ON A LE CALENRIER DE L'AVENT.
ALORS QUE VOUS, LES ADULTES,
VOUS AVEZ LE CALENDRIER DE L'APRÈS !

LETTRE

QU'EST-CE QUE TU VAS FAIRE MON TOPINAMBOUR ?
JE VAIS ÉCRIRE MA LETTRE AU PÈRE NOËL.
CETTE ANNÉE J'ANTICIPE !

C'EST TRÈS BIEN ASTRID. IL NE FAUT JAMAIS FAIRE LES CHOSES À LA DERNIÈRE MINUTE.
SOIS QUAND MÊME RAISONNABLE DANS TES DEMANDES !
OUI, OUI ! T'INQUIÈTE M'MAN !

cher papa Noël, cette année je ne veux pas des jouets par milliers...

ALORS ... QU'EST-CE QU'ELLE VEUT CETTE ANNÉE ?
ELLE VEUT UNE ARCHE DE NOÉ.
EN JOUET ?
NON, NON !

THÉÂTRE

OÙ EST-CE QUE TU VAS COMME ÇA, ASTRID ?
JE VAIS RÉPÉTER MA PIÈCE DE THÉÂTRE POUR LE SPECTACLE DE FIN D'ANNÉE, M'MAN.
HA, MAIS OUI ! C'EST VRAI !
FORMIDABLE MA TRUITE SAUMONNÉE.
HÂTE D'Y ÊTRE.
ON VA ÊTRE TRÈS FIERS AVEC PAPA.
TIKITIKITIKITI KITIKITIKITI

EUMMH... !
EUMMH... !

ÊÊÊÊÊÊÊÊTRE OU PARAITRE ...?
TELLE EST DÉSORMAIS LA QUESTION ...

MONOTONY

ASTRID, MA CHÉRIE QUE DIRAIS-TU DE COMMENCER CE WEEK-END PAR UNE BONNE PETITE PARTIE DE JEU DE SOCIÉTÉ ?
TIDÛÛ
TIDÛÛ

AH FLÛTE ! ATTENDS, C'EST UN MESSAGE DU TRAVAIL...
TIENS... INSTALLE-NOUS LE JEU, J'ARRIVE TOUT DE SUITE.
MONOTONY

ET HOP !
JE PASSE PAR LA CASE DÉPART ET JE TOUCHE 20 000 EUROS !
TIDÛÛ
TIDÛÛ

AH ZUT ! ENCORE LE BOULOT ...
EXCUSE-MOI, MON RADIS, IL FAUT QUE JE PASSE UN COUP DE FIL RAPIDE.
J'EN AI POUR DEUX SECONDES...

VOILA, PARDON...
HA ! HA ! DÉCIDEMENT ILS NE PEUVENT RIEN FAIRE SANS MOI !
ON EN ÉTAIT OÙ ? C'ÉTAIT À QUI ?

P'PAAAA...
JE PEUX TE POSER UNE QUESTION ?
POUR BIEN COMPRENDRE ET BIEN CERNER LA SITUATION.
LÀ TU ES EN TÉLÉTRAVAIL ?
OU EN TÉLÉREPOS ?
TIDÛÛ

LE TRAVAIL

DIS P'PAAAAA…
OUI, MA MENTHE POIVRÉE ?
JE ME DEMANDAIS…
ÇA SERT À QUOI DE TRAVAILLER ?
CHOP CHOP

EH BIEN FIGURE-TOI QUE CELA SERT À PLEIN DE CHOSES TRÈS UTILES AU QUOTIDIEN.
COMME PAR EXEMPLE PAYER LA MAISON, L'ABONNEMENT À INTERNET, NOS ORDINATEURS ET NOS TÉLÉPHONES PORTABLES…
CHOP CHOP

OK . . .
BREF, TOUT CE QUI TE SERT A TÉLÉTRAVAILLER . . .

MAIS CHÉRI, QU'EST-CE QU'IL T'EST ARRIVÉ ?
UN ACCIDENT DE TÉLÉTRAVAIL ...

FRANCHEMENT, JEAN-EUDES, IL FAUDRAIT QUE TU DÉCROCHES DE TON SMARTPHONE !
TU VAS DEVENIR COMPLÈTEMENT DÉPENDANT.
DRIIINNNGG
BON, JE TE LAISSE... TÂCHE DE NE PAS OUBLIER DE RETOURNER EN CLASSE...

PFFFFF... NANMAIS HÉHOLAUTRE ...
" DEVENIR DÉPENDANT "
N'IMPORTE QUOI...

4G
10:30
Siri
Votre position
classe de CM1B
01 min
00 min
0h01
0

CROMIGNONNE

ALORS MON CITRON, C'ÉTAIT INTÉRESSANT VOTRE LEÇON SUR LES HOMMES PRÉHISTORIQUES ? QU'EST-CE QUE TU AS APPRIS ?
QUE GLOBALEMENT C'ÉTAIT DES FEMMES COMME LES AUTRES...

EXPOSÉ
CHERS ENFANTS, DANS L'EXPOSÉ D'AUJOURD'HUI, ASTRID VA NOUS PARLER DES PREMIERS HOMMES ET DE L'ÉVOLUTION.
JE VOUS DEMANDE DE LUI PRÊTER LA PLUS GRANDE ATTENTION.
Exposé
les premiers hommes (et femmes...)
JE VOUS RAPPELLE QU'IL Y AURA UNE ÉVALUATION SUR LE SUJET EN FIN DE SEMAINE !
ASTRID, C'EST À TOI...

SI TU SAVAIS OÙ TES EXCENTRICITÉS VONT NOUS MENER, TU TE REMETTRAIS À QUATRE PATTES ILLICO...

Exposé
les premiers
hom (et femmes...)
ASTRID JE PEUX TE GARDER JUSTE AVANT LA RÉCRÉATION ?

ZOO

TROP SYMPA TANTINE DE M'EMMENER AU ZOO AVEC LES COUSINS !
OH MAIS ÇA ME FAIT PLAISIR ASTRID !

ASTRID, SIXTINE, EUSTACHE, REGARDEZ !
DES CHIMPANZÉS !
ALLONS LES VOIR, JE LES A-DORE !!
ILS SONT TELLEMENT HUMAINS...

CE SONT LITTÉRALEMENT NOS COUSINS !
VOUS VOUS RENDEZ COMPTE LES ENFANTS QUE NOUS PARTAGEONS 99,4% DE NOS GÈNES AVEC EUX !
COUSINS QUE, SELON TOUTE VRAISEMBLANCE, NOUS METTONS EN PRISON À CAUSE DES 0,6% RESTANTS…

MAITRISE

AUJOURD'HUI EN HISTOIRE, LES ENFANTS, NOUS ALLONS PARLER DES GRANDS PROGRÈS DE L'HUMANITÉ.
L'HOMME COMMENCE ÉVIDEMMENT PAR LA MAITRISE DU FEU.
S'ENSUIT LA MAITRISE DE SON ALIMENTATION AVEC LE DÉVELOPPEMENT DE L'AGRICULTURE ET DE L'ÉLEVAGE.

LA MAITRISE DE NOUVELLES ÉNERGIES COMME LE PÉTROLE OU LE CHARBON LUI PERMET DE SE CHAUFFER, DE PRODUIRE ET DE SE DÉPLACER.
FACE À CES NOUVEAUX ENJEUX, L'HOMME DÉCOUVRE LA MAITRISE DES AIRS, OUVRANT LA VOIE À UNE NOUVELLE GRANDE ÉTAPE...
LA MAITRISE DE L'ESPACE !

OUI ASTRID TU AS UNE QUESTION ?
OUI ! JE ME DEMANDAIS... APRÈS LA MAITRISE DU FEU, DU VIVANT, DE L'ÉNERGIE, DU CIEL ET DE L'ESPACE...
EST-CE QUE PAR HASARD VOUS SAURIEZ QUAND L'HUMANITÉ...
ZZZZZ
...PARVIENDRA À SE MAITRISER ELLE-MÊME ?..
ZZZZZ

RÉALITÉ

WHOOOOO MAIS C'EST ABSOLUMENT GÉNIAL CET ENGIN !!
ON NE VOIT PLUS DU TOUT LE MONDE DE LA MÊME FAÇON... LES CHOSES PRENNENT UNE TOUT AUTRE DIMENSION !!
C'EST QUOI TON TRUC ASTRID ?
GAME OVER
C'EST FOU ! C'EST TOTALEMENT IMMERSIF !!
DÈS QU'ON L'ENFILE ON SE RETROUVE PROJETÉ DANS UN UNIVERS ABSOLUMENT IMMENSE...
DES MONDES SANS LIMITES À EXPLORER SONT DÉSORMAIS À PORTÉE DE MES MAINS !
MAIS ASTRID, C'EST QUOI TON TRUC ENFIN ??

RHAAA ! MAIS ÇA A L'AIR TELLEMENT GÉNIAAAAAL !
TU ME LE PRÊTES ? ALLEEEEZ !
JE TE JURE, ON PLONGE LITTÉRALEMENT DANS UN OCÉAN DE SENSATIONS.

BON OK ... MAIS PRENDS-EN LE PLUS GRAND SOIN, S'IL TE PLAIT !
C'EST TRÈS FRAGILE UN CASQUE DE RÉALITE RÉELLE ...
Jiiii

PETIT JEU

DIS P'PAAA, J'AI INVENTÉ UN SUPER NOUVEAU JEU…
ÇA TE DIRAIT DE L'ESSAYER ?
BIEN SÛR MA COURGETTE.

ÇA S'APPELLE " LE GRAND JEU DU CHANGEMENT CLIMATIQUE ".
LA RÈGLE EST MÉGA SIMPLE :
TU CHERCHES ET MOI JE TE DIS SI TU TE RAPPROCHES OU SI TU T'ÉLOIGNES.
ET... JE CHERCHE QUOI ?
T'INQUIÈTE, TU LE DÉCOUVRIRAS BIEN VITE !
EUUUUH... LÀ TU REFROIDIS CARRÉMENT...

RHAAA MAIS ALORS LÀ TU GÈLES À MORT !
C'EST LA GRANDE GLACIATION.
BON FRANCHEMENT P'PAA TU POURRAIS Y METTRE DU TIEN ...
TU GÈLES, JE TE DIS !
HAAAAA LÀ C'EST MIEUX !
LA GLACE COMMENCE À FONDRE ...
TU TE RÉCHAUFFES DE 3 DEGRÉS ...
LA TEMPÉRATURE MONTE DE PLUS EN PLUS ...

WHAOOO !
LA GLACE A TOTALEMENT FONDU ET L'EAU EST MONTÉE PARTOUT !
TU TE RÉCHAUFFES ENCORE ET ENCORE ...
ÇA VIRE À LA FOURNAISE !
TU BRÛLES ...!

RÉSEAU

VRAIMENT GÉNIAL L'ÉPISODE D'HIER SOIR...
CARRÉMENT ET J'ADORE CET ACTEUR INCROYABLE QUI JOUE LE PÈRE...

HA OUIIII ! ON L'A VU DANS QUOI DEJÀ ?
ATTENDS JE REGARDE SUR GOOGLE...

ALORS ?
MINCE JE CAPTE PAS ICI...

QUELLE JOIE DE GRANDIR DANS UN MONDE OÙ L'HUMANITÉ EST PASSÉE DU RÉSEAU DE NEURONES AU RÉSEAU TOUT COURT.

INVENTEURS

TU VOIS ASTRID, QUAND J'OBSERVE UN SMARTPHONE...
CET OBJET QUI NOUS EST AUJOURD'HUI SI FAMILIER...
JE NE PEUX PAS M'EMPÊCHER DE PENSER À TOUS LES GÉNIES DONT LES INVENTIONS À TRAVERS LES SIÈCLES ONT PU RENDRE CET OBJET POSSIBLE.
GUTENBERG ÉVIDEMMENT !
L'IMPRIMERIE : LE SAVOIR PREND SOUDAIN UNE FORME, QUE L'ON PEUT TRANSMETTRE...

ET PUIS THOMAS EDISON BIEN SÛR !
LÀ C'EST DU LOURD !
LE TRANSPORT DE L'INFORMATION AVEC SON TÉLÉGRAPHE, L'ENREGISTREMENT DU SON PAR DES APPAREILS ...
L'AMPOULE, DEVENUE AUJOURDHUI ÉCRAN !
NASA
ET COMMENT NE PAS CITER GRAHAM BELL !?
AVEC SON " TÉLÉPHONE ", L'HUMANITÉ S'AFFRANCHIT DES DISTANCES ET S'OUVRE AUX ÉCHANGES !
NASA

MAIS...
DIS, P'PAAA ?
NASA

EST-CE QUE TU PENSES QU'ILS SAVAIENT QUE LEURS INVENTIONS SERVIRAIENT PRINCIPALEMENT À PARTAGER DES PHOTOS DE CHATS ET DE BÉBÉS ?
NASA

AVENIR

MOI, QUAND J'AVAIS TON ÂGE MA PETITE ASTRID, J'AVAIS PLEIN DE RÊVES ...
TROUVER UN MARI POUR LA VIE, M'ÉPANOUIR DANS UN TRAVAIL STABLE, ET SURTOUT PRENDRE L'AVION POUR VISITER TOUS LES ENDROITS LES PLUS MERVEILLEUX DE LA PLANÈTE !
HÉ BEN DIS DONC MAMIE ...
QU'EST-CE QUE C'ÉTAIT SIMPLE L'AVENIR DANS LE PASSÉ !
Jiii

BÂTISSEURS

BIENVENUE AUX " PETITS BÂTISSEURS " LES ENFANTS !
DANS L'ATELIER DE CETTE APRÈS-MIDI LE THÈME EST LIBRE.
VOUS AVEZ UNE HEURE.

IL VOUS RESTE 10 MINUTES LES ENFANTS ...
TU VOIS GODEFROY, À PARTIR DES MÊMES BRIQUES AU DÉPART...
CERTAINS BÂTISSENT DES PONTS...
D'AUTRES ÉRIGENT DES MURS ...
Jiii

QU'EST-CE QUE TU AS FAIT TOI CE WEEK-END, ASTRID ?
CAMPAGNE ...
MARTINE MACHINTRUK
JEAN PATRICK KEKCHOZ

FRANCHEMENT SHOU,
TU NE TROUVES PAS QUE
C'EST QUAND MÊME FOU QUE LES PARENTS
ESSAIENT ENCORE DE NOUS FAIRE CROIRE
À CETTE HISTOIRE DE CIGOGNES
QUI LIVRERAIENT LES BÉBÉS...
COMME SI ON
NE SAVAIT PAS
QUE C'EST AMAZON...

POISONS

JE TE RÉPÈTE, PATRICK, QUE TU NE DEVRAIS PAS MANGER DE CETTE MERDE.
IL PARAIT QUE C'EST BOURRÉ DE PLASTIQUE...

ALORS ASTRID, TU AS CHOISI TON POISSON ?
IL NE FAUT PAS QU'ON TARDE. JE DOIS METTRE LE SAUMON AU FOUR ...

MARÉE

OOOOHHHHH !
MAIS C'EST TRÈS JOLI
CE QU'ELLE NOUS A FAIT
CETTE PETITE...
ON A LÀ
UNE VÉRITABLE
PETITE ARTISTE,
DITES-MOI !
QU'EST-CE QUE
ÇA REPRÉSENTE ?
24H
DU MANS

OH ! C'EST TRÈS SIMPLE !
J'AI TOUT BONNEMENT VOULU REPRÉSENTER LE MONDE DE DEMAIN.
AH BON ? MAIS... IL RESSEMBLE QUAND MÊME SACRÉMENT AU MONDE D'AUJOURD'HUI NON ??
24 H DU MANS

OOOOH MAIS PAS DU TOUT !!
ATTENDEZ QUE LA MER MONTE...
24 H DU MANS
Jiiii

NOURRI PAR DES DÉCENNIES
DE DÉCHETS QUI SE SONT AMASSÉS
DANS LES OCÉANS, LE MONSTRE MILLÉNAIRE
A MUTÉ EN UNE CRÉATURE COLOSSALE ET TERRIFIANTE.

À MESURE QU'IL SE RAPPROCHE DE NOS CÔTES, L'HUMANITÉ
PREND CONSCIENCE AVEC EFFROI QUE RIEN NI PERSONNE
NE SEMBLE EN MESURE DE METTRE FIN À SON APPÉTIT DESTRUCTEUR.

SERAIT-CE LA FIN TRAGIQUE DE NOTRE CIVILISATION ??
ASTRIIIIIID !!
VIENS GOÛTER !

BATAILLE

EH BIM !!
TIENS...
PRENDS TOI
CE ROI, ASTRID !
TOUS LES AS
SONT PASSÉS !

HA ! HAAAA !
JE SUIS LE MAITRE
DU JEU !!!
PLUS RIEN NE PEUT
ARRÊTER MA
MARCHE TRIOMPHALE
VERS LA VICTOIRE !!

BATAILLE...
QUOIIII !!!
MAIS... NAN !
SI SI !
MAIS NAN ENFIN ! JAMAIS IL Y A BATAILLE...
MAIS SI.
MAIS NON !
SI SI.

À PARTIR DE MAINTENANT, MON CHER...
ROI CONTRE REINE...
IL Y A BATAILLE !

LA MARE

REGARDE ASTRID, C'EST VRAIMENT MERVEILLEUX CE QUI SE PASSE DANS UNE PETITE MARE COMME CELLE-LÀ ...
TOUTES CES ESPÈCES QUI COHABITENT ... CE MOUVEMENT INCESSANT, CETTE VITALITÉ !
TOUTE LA BEAUTÉ DU FOISONNEMENT DE LA VIE À L'ÉCHELLE D'UN MODESTE PLAN D'EAU !

MMMHHH... TU PARLES DE LA VITALITÉ DE CETTE SALAMANDRE QUI VIT DANS UNE VIELLE CANETTE DE BIÈRE ?
OU DU MOUVEMENT INCESSANT DES TÊTARDS QUI GRIGNOTENT CE BOUT D'EMBALLAGE DE BARRE CHOCOLATÉE ?
Jiiiii

HÉLIOCENTRISME

PARCE QUE POUR LA TOUTE PREMIÈRE FOIS DE SON HISTOIRE, L'HOMME N'ÉTAIT PLUS LE CENTRE DE L'UNIVERS...
LUNETTE VERS 1610
GALILEO GALILEI

JUSQU'À NOS JOURS ...

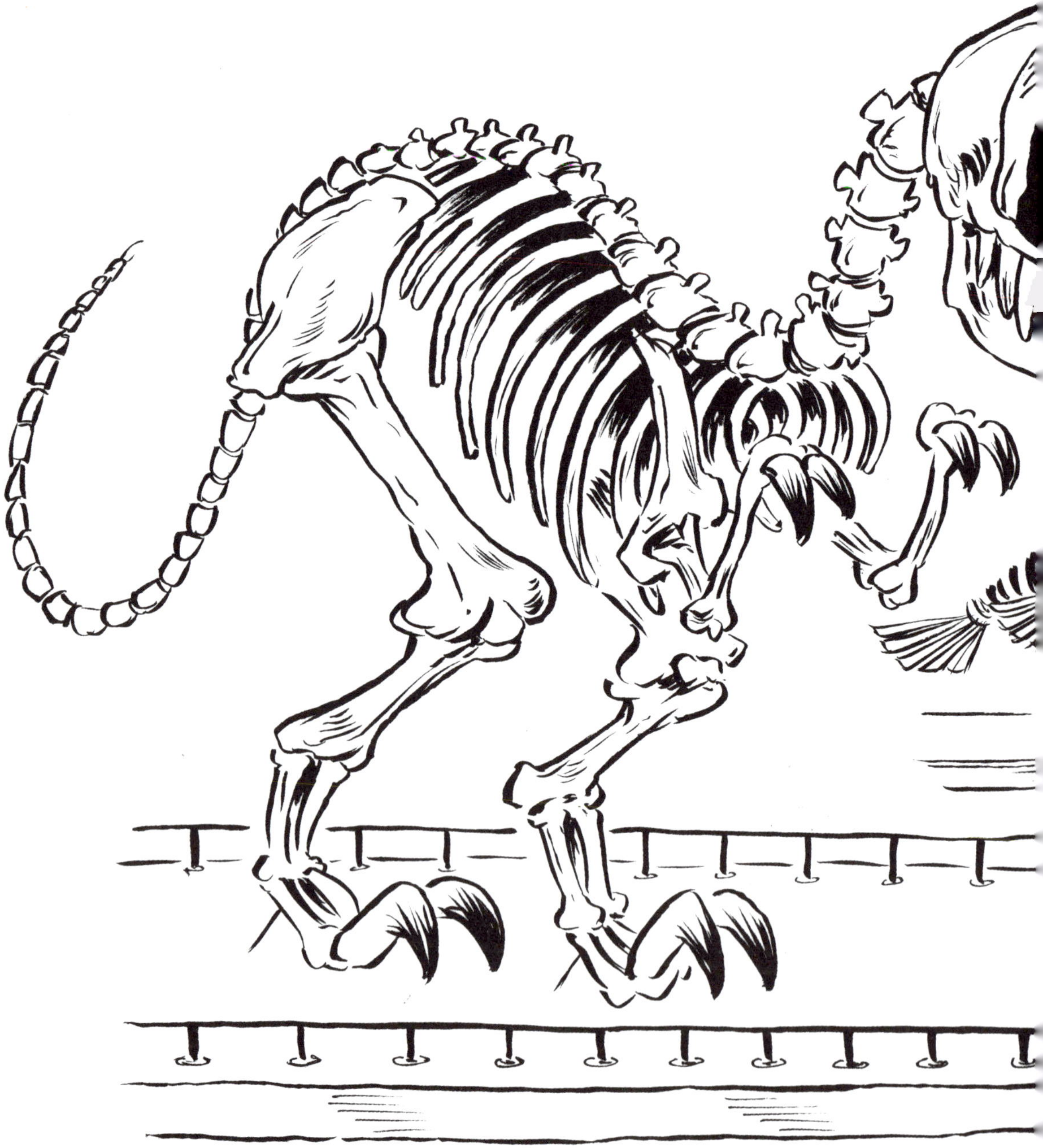

JE SAIS TRÈS BIEN CE QUE TU PENSES...
NOUS RESSEMBLONS DE PLUS EN PLUS A UNE ESPÈCE EN VOIE DE DISPARITION...

QUEL DOMMAGE QUE CE SUPER POUVOIR DEMANDE UNE TELLE PATIENCE !

LIVRE

TOUJOURS DANS TES BOUQUINS ASTRID ??
PFFFFFNANMAIS FRANCHEMENT, C'EST VRAIMENT TROP DÉPASSÉ ...
AVEC UN SMARTPHONE TU PEUX FAIRE BEAUCOUP PLUS DE TRUCS !
GENRE TU PEUX LIRE, CONSULTER, REGARDER, ÉCOUTER, PHOTOGRAPHIER, CALCULER, DESSINER, FILMER, PARTAGER, LIKER, COMMENTER ...
ET J'EN PASSE !

PAF
ESSAYE TOUJOURS DE FAIRE ÇA AVEC UN SMARTPHONE ...

DEGRES

ÉHO ! ÇA VA BIEN ASTRID AVEC TES HISTOIRES DE RÉCHAUFFEMENT CLIMATIQUE GNA GNA GNA...
C'EST QUAND MÊME PAS TROIS PAUVRES PETITS DEGRÉS QUI VONT NOUS TUER !
BONJOUR ASTRID !
AUGUSTIN EST MALADE AUJOURD'HUI. TU VOUDRAS BIEN LUI ENVOYER LES DEVOIRS POUR QU'IL NE PRENNE PAS DE RETARD ?
BIO BIO LAND

ASTRID ?
HO, COMME C'EST GENTIL DE TA PART DE PRENDRE DES NOUVELLES DE TON PETIT CAMARADE !
JE TE LE PASSE. MAIS NE LE FATIGUE PAS TROP, LE PAUVRE CHÉRI N'EST PAS AU SOMMET DE SA FORME !
HEY SALUT AUGUSTIN.
DIS, JE VOULAIS PROFITER QUE TU AIES UN PEU DE TEMPS POUR QU'ON REPARLE DE CETTE HISTOIRE DE TROIS DEGRÉS EN PLUS QUI NE VONT PAS NOUS TUER ...
RHAAAAAA
Jiiii

MÉDITATION

CALMERELAXATION
BIENETRECENTRESURVOUS
DOUCEURPAIXINTERIEURE
RESPIRATIONCONNEXION
FLUIDESENSATION
AH MAIS TU ES LÀ MON RAVIOLI !
C'EST VRAIMENT GENTIL DE NE PAS M'AVOIR INTERROMPUE PENDANT MON PROGRAMME QUOTIDIEN DE MÉDITATION.

CE QUE ÇA FAIT DU BIEN DE DÉBRANCHER AU MOINS 10 MINUTES ...
DE LÂCHER PRISE. DE SE METTRE EN RÉSONANCE AVEC SOI-MÊME ...
ET DE RETROUVER, L'ESPACE D'UN INSTANT, LA VÉRITÉ DE SA PROPRE VIE INTÉRIEURE !
NAN MAIS JE TE JUUUURE SHOU !
UNE APPLI POUR DÉCONNECTER !

HOROSCOPE

DIS M'MAN, C'EST QUOI TON SIGNE ASTROLOGIQUE ?
TU T'INTÉRESSES AUX HOROSCOPES MAINTENANT MON HOUMOUS AUX PIGNONS ?
BON... EUUUH, CAPRICORNE.

GRÂCE À L'INFLUENCE DE MERCURE, VOUS NE VOUS LAISSEZ PAS ABATTRE MALGRÉ L'EFFONDREMENT DE VOTRE CIVILISATION.
VOUS QUI ÊTES D'HABITUDE SI DEVOUÉE, MÉFIEZ-VOUS DE LA CONVOITISE D'AUTRUI QUAND IL S'AGIRA DE TROUVER DE LA NOURRITURE.
EN AMOUR, PLUS RIEN NE COMPTE, LA PROMISCUITÉ N'AIDE PAS.
ET CONCERNANT LA SANTÉ FAITES PLUS QUE JAMAIS ATTENTION À VOTRE COMBINAISON DE SURVIE SI VOUS SORTEZ DE VOTRE ABRI.
C'EST TON HOROSCOPE EN 2050 ...
P'PAAAAAA ? TU ES QUEL SIGNE, TOI ?
Jiiiii

LE BEST-SELLER
MONDIAL DU
DÉVELOPPEMENT
PERSONNEL
TOUS
EGO
3 MILLIONS
D'EXEMPLAIRES
VENDUS

DIS TANTINE,
C'EST QUOI EXACTEMENT
LE "DÉVELOPPEMENT
PERSONNEL" ?

EH BIEN, C'EST QUAND UNE PERSONNE FAIT EN SORTE DE S'AMÉLIORER POUR FAIRE FACE À SES DIFFICULTÉS TOUT EN ÉTANT PLUS EN ACCORD AVEC ELLE-MÊME...
ET ÇA EXISTE LE DÉVELOPPEMENT COLLECTIF ?
MMMH, NON... PAS QUE JE SACHE...

DOMMAGE !
MAIS BON, QUITTE À S'AUTODÉTRUIRE AUTANT LE FAIRE EN ÉTANT BIEN DANS SES BASKETS...

ASTRID, MON RADIS, TOUT VA BIEN DE TON CÔTÉ ?
OUI OUI M'MAN, JE FINIS UN DESSIN POUR P'PA.

FORMIDABLE MON BROCOLI !
ESSAYE DE T'OCCUPER TOUTE SEULE PENDANT LA PROCHAINE HEURE TU VEUX BIEN ? JE COMMENCE UNE VISIO.

ET SURTOUT NE DÉRANGE PAS PAPA !
TU SAIS À QUEL POINT IL A BESOIN D'ÊTRE CONCENTRE QUAND IL TRAVAILLE SUR SON PROJET...
NE PAS DERANGER

... DE MACHINE À RÉDUIRE LE CO2 DANS L'ATMOSPHÈRE.
POUR PAPA

$CO2^2$
DIS P'PA, SI ON INVENTE UNE MACHINE QUI RÉDUIT LE CO2, ON LIMITERA LE CHANGEMENT CLIMATIQUE, C'EST ÇA ?
OUI MON SAUMON.
ET DONC L'HOMME POURRA CONTINUER À PROSPÉRER...
EN EFFET...
DU COUP NOUS SERONS DE PLUS EN PLUS NOMBREUX ET ON CRÉERA DONC PLUS DE CO2...
IL FAUDRA DU COUP METTRE PLUS DE MACHINES POUR LE CAPTURER...

CE QUI PERMETTRA À L'HOMME DE CONTINUER À PROSPÉRER...
ET DONC D'ÊTRE DE PLUS EN PLUS NOMBREUX ET DE FAIRE DE PLUS EN PLUS DE CO2.
DU COUP, ON METTRA ENCORE PLUS DE MACHINES...
... QUI PERMETTRONT À L'HOMME DE PROSPÉRER TOUJOURS PLUS !

... ET D'ÉMETTRE TOUJOURS PLUS DE CO2 !
ALORS, ON METTRA ENCORE DES MACHINES...
CE QUI NOUS PERMETTRA DE POURSUIVRE NOTRE DÉVELOPPEMENT ET DONC D'ÊTRE DE PLUS EN PLUS NOMBREUX...

ENTRAINANT MÉCANIQUEMENT UNE NOUVELLE HAUSSE DES ÉMISSIONS DE CO2 ...
QUI NOUS POUSSERA À RAJOUTER ENCORE DES MACHINES ...
QUI NOUS PERMETTRONT DE POURSUIVRE NOTRE EXPANSION ET D'ÊTRE TOUJOURS PLUS NOMBREUX !

ET DONC ...

ET LÀ MAMAN ME DIT :
" ASTRID... QU'EST-CE QUE TU VEUX METTRE COMME DÉGUISEMENT POUR L'ANNIVERSAIRE DE JEAN-EUDES ? "
" TU PRÉFÈRES LE DÉGUISEMENT DE PRINCESSE ? OU CELUI DE POMPIER ? "
JOYEUX ANNIVERSAIRE
FIRE
Jiiii

IMPACT

HEY SALUT ASTRID !
HEU 'LUT MELODY !
DIS, TU CROIS, TOI, QU'ON PEUT TOUS AVOIR UN IMPACT POSITIF SUR LE MONDE ?
EUUUUH... OUI, BIEN SÛR !
ECOLE

MOI AUSSI !
ET JE N'ARRÊTE PAS D'Y PENSER...
TU TE RENDS COMPTE QUE NOS MAINS DÉTIENNENT LE POUVOIR DE CONSTRUIRE UN AVENIR MEILLEUR POUR L'HUMANITÉ !
ECOLE

EH BIEN MOI, JE VAIS DEVENIR UNE STAR DES RÉSEAUX SOCIAUX !!
COMME ÇA, JE FERAI DES CHANSONS QUE DES MILLIONS DE GENS ÉCOUTERONT !
DES CHANSONS QUI PARLERONT D'AMOUR ET DE LICORNES, AVEC DES VIDÉOS PLEINES DE PAILLETTES ET D'ARCS-EN-CIEL !
...QUI METTRONT DES SOURIRES SUR LES VISAGES DES GENS, EN LEUR PERMETTANT D'OUBLIER LA BANALITÉ DE LEUR EXISTENCE.
ECOLE
ET TOI ?? TU LE VOIS COMMENT TON AVENIR ?
HORS CONNEXION...
ECOLE

SIRÈNE

MON LOUKOUM, QUEL DÉGUISEMENT TU VAS METTRE POUR L'ANNIVERSAIRE DE MÉLODY ?
JE PENSAIS À LA SIRÈNE...
ELLE AIME BIEN LES SIRÈNES MÉLODY !
!!
ASTRIIIID !
MAIS QU'EST-CE QUE TU FABRIQUES ? ON VA ÊTRE SACRÉMENT EN RETARD !
J'ARRIVE M'MAN...

JE PASSE JUSTE VITE FAIT À LA CUISINE ET JE SUIS PRÊTE DANS 2 MINUTES.
ET VOILÀÀÀÀÀÀ !
BEAUCOUP PLUS RÉALISTE NON ?
-10 %

TU VOIS, DOUDOU VER DE TERRE ...
CETTE EXPÉRIENCE TEND À DÉMONTRER QUE LA MEILLEURE FAÇON DE REMPLIR LE CERVEAU D'IDÉES NOIRES, C'EST DE NE RIEN FAIRE !

RÉDACTION

CHIC ! UNE RÉDACTION !
" VOUS AVEZ INVENTÉ UNE MACHINE À VOYAGER DANS LE TEMPS. VOUS DÉCIDEZ DE VOUS RENDRE EN 2500. "
" RACONTEZ CE QUE VOUS VOYEZ ET LES RENCONTRES QUE VOUS FAITES. "

ALORS MA CHÉRIE, COMMENT S'EST PASSÉE TA JOURNÉE À L'ÉCOLE ?
PAS GÉNIALE... ON A EU RÉDACTION...
...J'AI EU ZÉRO !

COMMENT ??! ZÉRO ?
TOI, ASTRID ?! MAIS COMMENT EST-CE POSSIBLE ?
MONTRE-MOI TA COPIE...
CM1A
Astrid
La terre en 2500
Youhou !!
Ya quelqun ???
Youhouuuuuu...??
Fin
0 HS
+ d'effort svp!
Jiiii

RENOUVELABLE

OUÉÉÉ MON LOULOU, JE PRENDS L'AVION POUR IBIZA CE SOIR. JE REVIENS DANS DEUX JOURS.
AU FAIT, TU AS ACHETÉ LES ACTIONS SUR LE GAZ DONT JE T'AI PARLÉ ?
ET MOI CH'TE DIT QU'ON VEUT NOUS FAIRE CROIRE AU CHANGEMENT CLIMATIQUE POUR NOUS OBLIGER À ACHETER DU BIO, PARCE QUE C'EST PLUS CHER ...
CH'UIS PAS UN PIGEON, MOI, TU VOIS !
FLAT EARTH EXISTS !

QUEL ABRUTI !
NON MAIS QUI M'A FICHU UN GOSSE AUSSI BÊTE ?
ON NE FERA JAMAIS RIEN D'UN BON À RIEN COMME TOI !

C'EST VRAIMENT DOMMAGE QUE LA BÊTISE NE SOIT PAS UNE SOURCE D'ÉNERGIE...
PARCE QU'IL ME SEMBLE QU'ELLE EST PARTICULIÈREMENT RENOUVELABLE...

HÉRITAGE

ASTRID MON PERSIL ... TU NE LA LÂCHES PAS DEPUIS CE MATIN.
QU'EST-CE QU'IL Y A DANS CETTE BOITE ?
BEN ... MON HÉRITAGE, P'PA !
TON... HÉRITAGE ?

HÉ OUII !
UN TOUT PETIT PEU D'OXYGÈNE...

PÊCHEUR

P'PAAAA !!
P'PAAAA !!
TU VEUX BIEN ME FAIRE UN BATEAU EN PAPIER S'IL TE PLAIIIT ?
OOOH... MAIS JE VAIS FAIRE BEAUCOUP MIEUX QUE ÇA MON RADIS ! JE VAIS T'APPRENDRE À LE FAIRE...
TU NE CONNAIS PAS L'ADAGE ?
" SI TU DONNES UN POISSON À UN HOMME, IL MANGERA UN JOUR.
SI TU LUI APPRENDS À PÊCHER, IL MANGERA TOUJOURS. "

RAAAAAKKKKLLLL

JE ME DEMANDE S'IL NE SERAIT PAS PLUS PERTINENT DE LUI APPRENDRE À PLANTER DES TOMATES...
Jiiiii

PSCHHHH
PSCHHHH
BONJOUR À VOUS !
AURIEZ-VOUS L'AMABILITÉ, SIL VOUS PLAIT, DE NOUS DIRE S'IL EXISTE SUR CETTE PLANÈTE UNE FORME DE VIE INTELLIGENTE ?

UNE FORME DE VIE INTELLIGENTE ?
LAISSEZ-MOI RÉFLÉCHIR...
MMMH, NON... ON NE PEUT PAS VRAIMENT DIRE ÇA...
QUEL DOMMAGE ! LA PLANÈTE ÉTAIT SI JOLIE...

RECHERCHE

OOOOOOH ! REGARDE JEAN-EUDES ! COMME IL EST JOLI AVEC CETTE QUEUE ET LA JOLIE STRIDULATION DE SON CHANT...
TIRLILILOULIII
JE ME DEMANDE CE QUE C'EST ?
ALORS ÇA, C'EST UNE QUESTION POUR LA NOUVELLE RECHERCHE PAR IMAGE INTÉGRÉE DE MON TÉLÉPHONE !
LA RÉPONSE DANS MOINS DE 5 SECONDES MA CHÈRE...

ALORS ALORS...
QU'EST-CE QUE ÇA DIT ?
LE RÉSULTAT EST ABSOLUMENT FORMEL !

C'EST UN " OISEAU ".

QUESTION

ENTRE NOUS ...
VOUS NE CROYEZ PAS QU'UN DES MOYENS LE PLUS SÛR POUR PRÉSERVER LE VIVANT POURRAIT ÊTRE ...
TOUT SIMPLEMENT ...

DE LE FRÉQUENTER ?

NUAGES

QUAND J'AVAIS TON ÂGE MA CAROTTE, J'ADORAIS RESTER DANS LE JARDIN LE NEZ EN L'AIR POUR OBSERVER LES NUAGES.

EN REGARDANT BIEN, ON Y VOIT TOUT UN TAS DE FORMES INCROYABLES...
REGARDE LÀ, PAR EXEMPLE, TU NE TROUVES PAS QU'ON DIRAIT UN OURS POLAIRE SUR LA BANQUISE ?

ET LÀ REGARDE, ON A UNE BALEINE NON ? IL Y A MÊME SON PETIT BALEINEAU.
ET, UN PEU À CÔTÉ, TU NE TROUVES PAS QU'ON DIRAIT UNE TORTUE GÉANTE ?
ET ENCORE PLUS À DROITE C'EST CLAIR, C'EST UNE ABEILLE !

ET TOI MON CONCOMBRE, TU NE DIS RIEN...
QU'EST-CE QUE TU VOIS, TOI ?
LA SIXIÈME EXTINCTION DE MASSE ?

COUVERT

ASTRID CELA FAIT 3 FOIS QUE JE TE DEMANDE D'ALLER METTRE LE COUVERT !
JE TE RAPPELLE, SI BESOIN EST, QUE CETTE MAISON N'EST PAS UN RESTAURANT !
IL EST NORMAL QUE CHACUN PARTICIPE. C'EST COMME ÇA QUE FONCTIONNE UNE FAMILLE !

P'PAAAA ???
RAPPELLE-MOI...
LE TÉLÉPHONE, IL SE MET DE QUEL CÔTÉ DES COUVERTS ?

LEÇON

DIS M'MAN, QU'EST-CE QUE TU VOULAIS FAIRE, TOI, QUAND TU ÉTAIS PETITE ?
JE TE VOIS VENIR, ASTRID...
MAIS CE COUP-CI TU NE FERAS PAS LA LEÇON...
" SI TOUT LE MONDE MÈNE SA VIE COMME TOI ON N'EST PAS SORTI DE L'AUBERGE ! "
ALORS ÉCOUTE-MOI BIEN MON SAUMON...

CEST VRAI ! JE NE SERAI PAS LA PREMIÈRE FEMME ASTRONAUTE À POSER LE PIED SUR MARS…
JE NE SERAI PAS NON PLUS UNE GRANDE PRIX NOBEL AYANT DÉCOUVERT LE VACCIN UNIVERSEL CONTRE LA BÊTISE HUMAINE…
JE NE SERAI PAS UNE GRANDE ARTISTE DONT LES OEUVRES INSPIRANTES AMÈNERONT L'HUMANITÉ À RECONSIDÉRER LA FAÇON DONT ELLE SE REGARDE ELLE-MÊME !
JE N'AI PAS MIS MA VIE AU SERVICE DU BIEN COMMUN POUR AIDER LES PLUS PAUVRES À VIVRE DIGNEMENT.
JE NE SERAI JAMAIS ASSEZ INFLUENTE POUR CONVAINCRE LES DIRIGEANTS ET LES GRANDS PATRONS DE REFRÉNER LEUR SOIF DE POUVOIR AUTODESTRUCTRICE.

MAIS CROIS BIEN MON GNOCCHI QUE J'AI MENÉ MA BARQUE AVEC INTÉGRITÉ...
ET QUE TOUS LES COMPROMIS JE LES AI FAITS EN LES PESANT BIEN À L'AUNE DE MES VALEURS !
PSCHIIIII
PSCHIIIII
AVEC COMME AMBITION TOUJOURS DE CONSTRUIRE POUR NOTRE PETITE FAMILLE UN ENVIRONNEMENT JOYEUX !!!
LIFE
OÙ CHACUN PEUT S'EXPRIMER ET SE SENTIR LIBRE DE GRANDIR ET DE S'ÉPANOUIR SEREINEMENT !

ET QUE...
QUOI ? QU'EST-CE QU'IL Y A ???
MAIS... POURQUOI TU ME REGARDES EN SOURIANT COMME ÇA, MON BASILIC ?
OH... POUR RIEN...

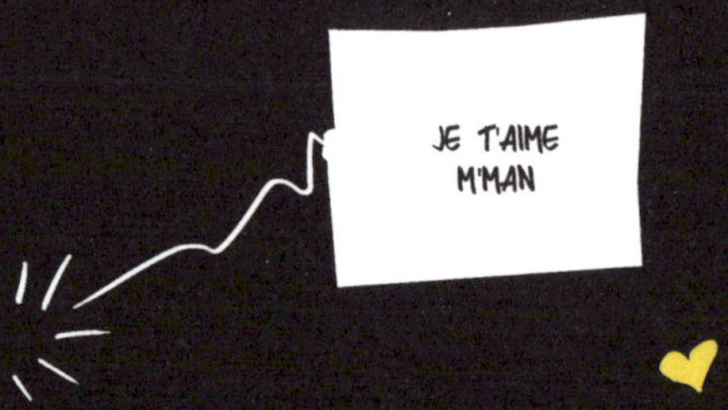
JE T'AIME
M'MAN

PAPIER À BASE DE FIBRES CERTIFIÉES

LAROUSSE s'engage pour l'environnement en réduisant l'empreinte carbone de ses livres. Celle de cet exemplaire est de :
1,3 kg éq. CO_2
Rendez-vous sur www.larousse-durable.fr

Imprimé en Espagne par Macrolibros SL

Dépôt légal : avril 2023

330836/01 – 11049914 – février 2023